Société Parisienne de Verreries

Société Anonyme au Capital de 600.000 francs

112, Boulevard Auguste-Blanqui, 112

PARIS (13e)

Reg. du Commerce : Seine, N° [illegible]

Adresse télégraphique :
ESPAIVET-PARIS

N° 2735

FLACON ovale, avec ogives. Décor couleurs imitation vitraux.

Contenance : 45 grammes.

16° W⁴
897
(1927)

N° 2832

FLACON rond, forme basse,
bouchon satiné.

Contenance : 50 grammes.

N° 3570

FLACON plat uni, bouchon satiné ou décoré noir ou couleur.

Existe dans les contenances de 10, 20, 35, 50, 110, 165, 240, 480 et 960 grammes environ.

N° 3719

Flacon plat, une face ornementée d'une guirlande avec perles en relief.

Contenance : 28 grammes.

N° 3724

FLACON carré, forme allongée avec une face ornementée. Décor or ou couleur.

Contenance : 28 grammes.

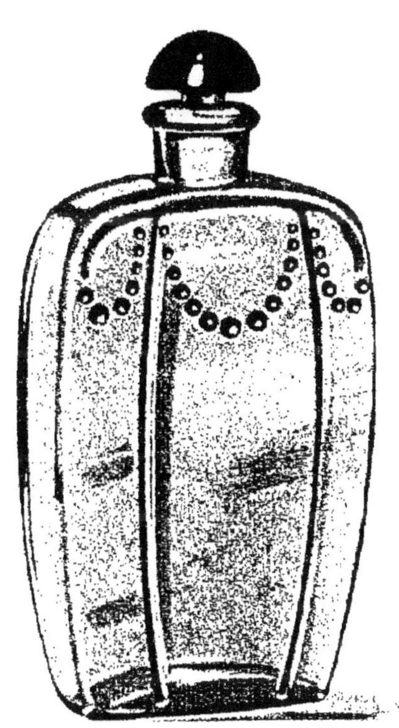

N° 3726

FLACON ovale plat, avec une face ornementée d'une guirlande de perles. Décor des perles et du bouchon : noir ou couleur.

Contenance : 32 grammes.

N° 3733

Pot à crème, forme potiche. Peut se faire en verre blanc clair, en verre blanc satiné, en verre opale.

Contenance : 40 grammes.

N° 3737

Flacon plat, avec petit pied, ornementation de petites fleurs sur une face.

Contenance : 30 grammes.

N° 3743

Flacon plat fantaisie, une face ornementée.

Contenance : 35 grammes.

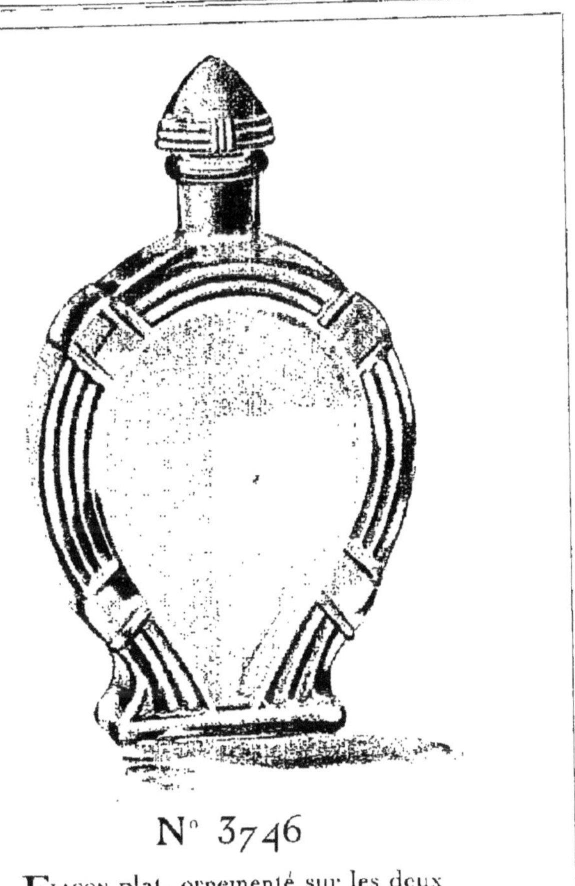

N° 3746

Flacon plat, ornementé sur les deux faces de côtes bambous liés.

Existe dans les contenances de 40, 125, 250, 500 et 1.000 grammes environ.

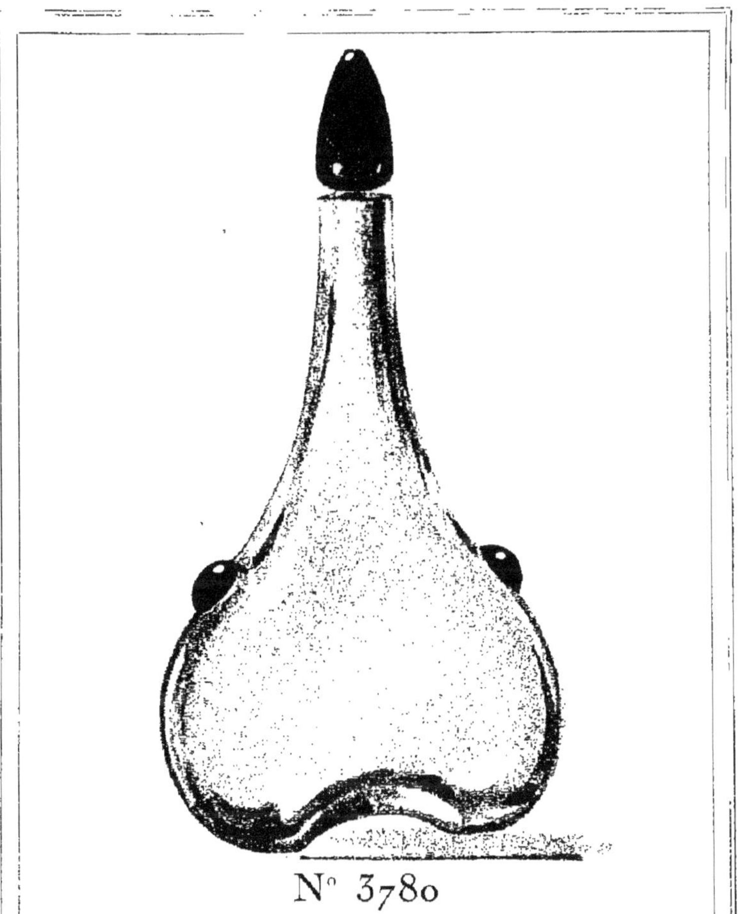

N° 3780

FLACON ovale fantaisie, avec cabochons et bouchon décorés noir ou couleur.

Contenance : 30 grammes.

N° 3782

Flacon ovale fantaisie, avec encadrements de rainures sur une face et cordon de perles au col. Rainures, perles et bouchon satinés ou décorés noir ou couleur.

Contenance : 40 grammes.

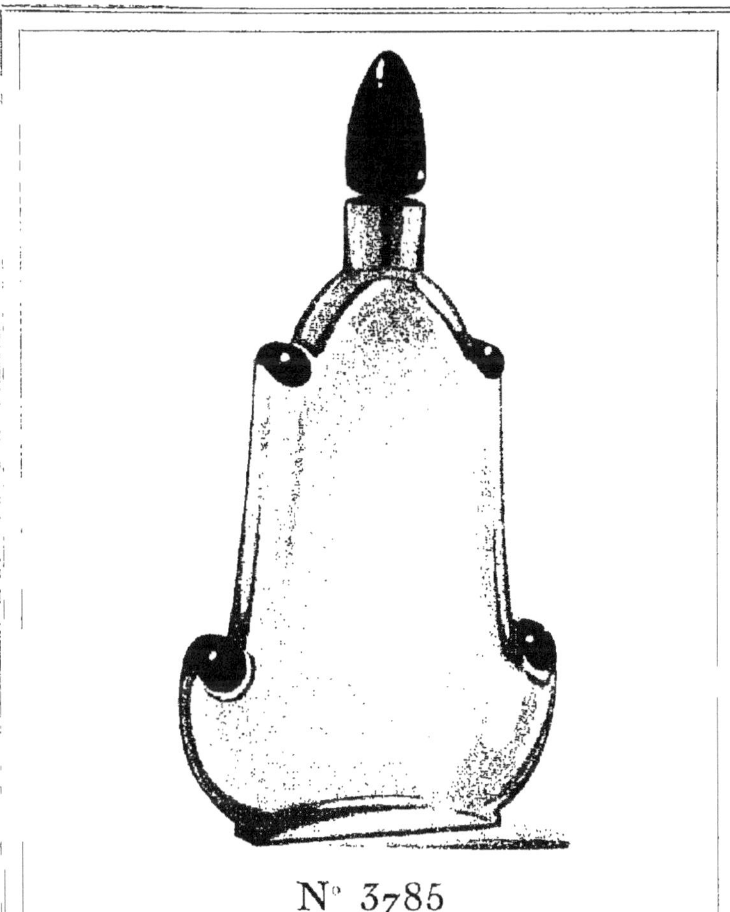

N° 3785

FLACON ovale fantaisie.
Décor noir ou couleur.

Contenance : 40 grammes.

N° 3789

FLACON plat, décor treillage sur une face.

Contenance : 35 grammes.

N° 3790

Flacon ovale plat, ornementé, avec bouchon verre et capuchon métal.

Contenance : 15 grammes.

N° 3791

FLACON plat avec encadrement de bambous. Bouchon noir ou couleur.

Existe dans les contenances de 15, 40 et 165 grammes.

N° 3792

FLACON ovale avec une face ornementée et emplacement d'étiquette. Fond et bouchon satinés, décor brillant.

Contenance : 35 grammes.

N° 3902

FLACON plat avec une face ornementée.
Décor et bouchon couleur.

Contenance : 40 grammes.

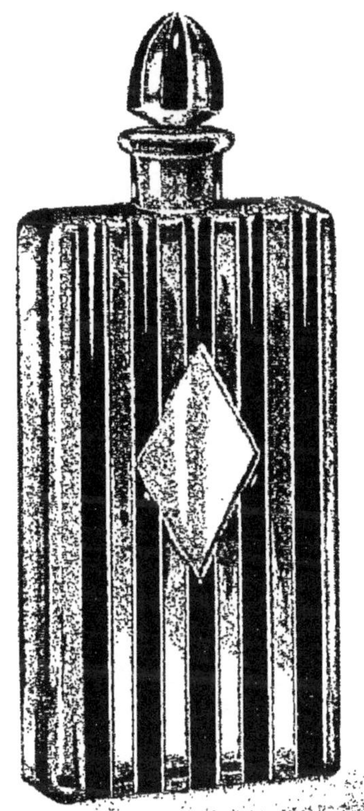

N° 3906

FLACON plat avec, sur une face, des rainures verticales et un emplacement d'étiquette en losange. Décor des rainures et du bouchon : noir ou couleur.

Contenance : 35 grammes.

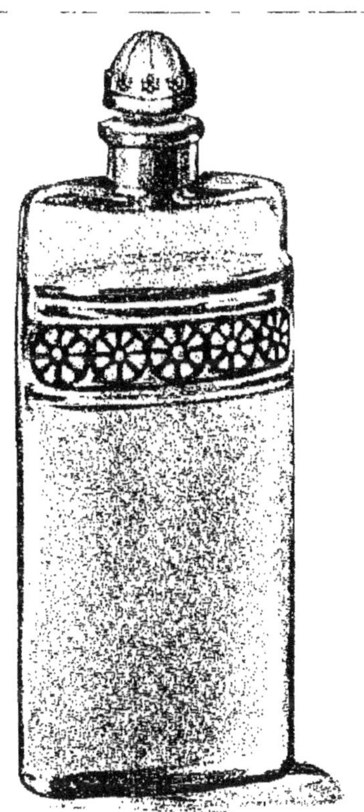

N° 4070

FLACON ovale, avec bande d'ornementation sur les deux faces.

Existe dans les contenances de 15, 28, 45 et 125 grammes.

N° 4136

FLACON plat rectangulaire uni, bouchon uni.

Contenance : 35 grammes.

N° 4141

FLACON plat en forme de demi-cercle avec ornementation de roses en relief.

Contenance : 45 grammes.

N° 4143

FLACON plat, forme urne à pied, avec une face ornementée. Décor or ou couleur.

Contenance : 45 grammes.

N° 4158

FLACON plat, à pans, décor noir ou couleur, ou or et couleur.

Contenance : 40 grammes.

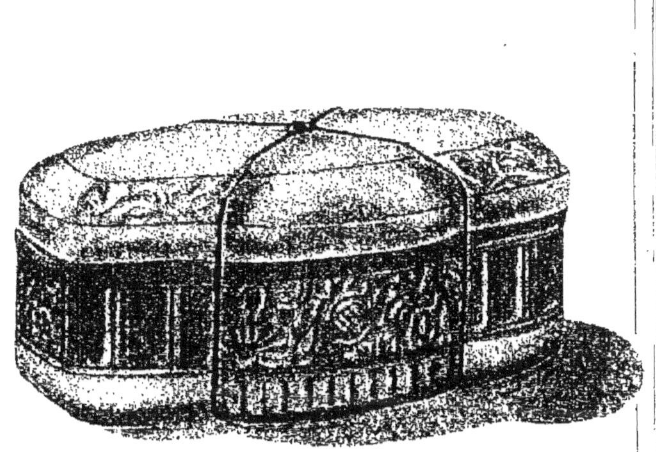

N° 4168

Boite forme nouvelle, pour brillantine ou pâte dentifrice. Se fait en verre blanc, en verre satiné ou verre opale.

Contenance : 40 grammes.

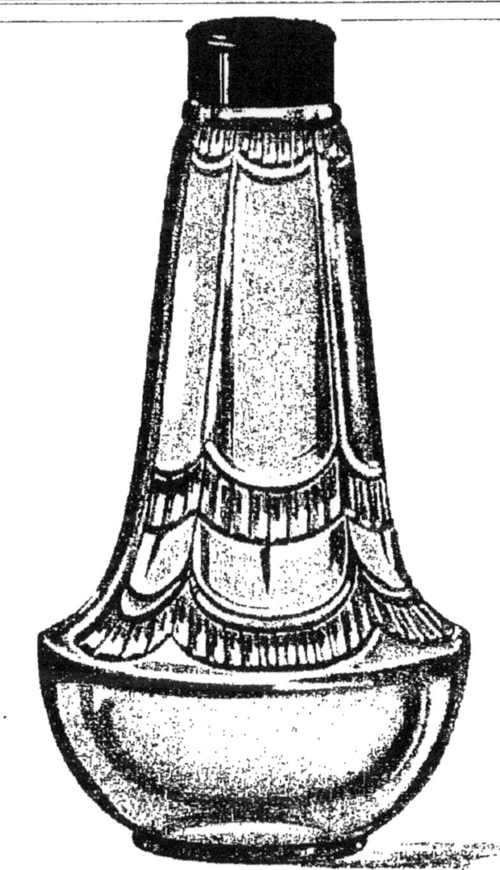

N° 4170

FLACON ovale ornementé, col allongé, pour poudre de talc, avec capsule saupoudreuse et capuchon métal.

Contenance : 150 grammes.

N° 4172

FLACON cylindrique avec petites côtes verticales.

Existe dans les contenances de 10 et 30 grammes environ.

N° 4201

FLACON rectangulaire forme basse, en beau verre noir taillé ou verre noir moucheté or.

Contenance : 45 grammes.

N° 4206

Flacon plat, avec plans successifs, en beau verre noir taillé.

Contenance : 45 grammes.

N° 4332

Flacon plat, rectangulaire, une face unie, une face avec encadrement et décor losange.

Contenance : 30 grammes.

N° 4334

FLACON plat rectangulaire, avec une face, ornementation moderne. Couleurs variées.

Contenance : 35 grammes.

N° 4336

FLACON ovale, festons et décor fleurs.

Contenance : 30 grammes.

N° 4338

Flacon plat avec petit pied. Sur une face, deux logements carrés pouvant être, ainsi que le bouchon, décorés couleur avec encadrement or.

Contenance : 24 grammes.

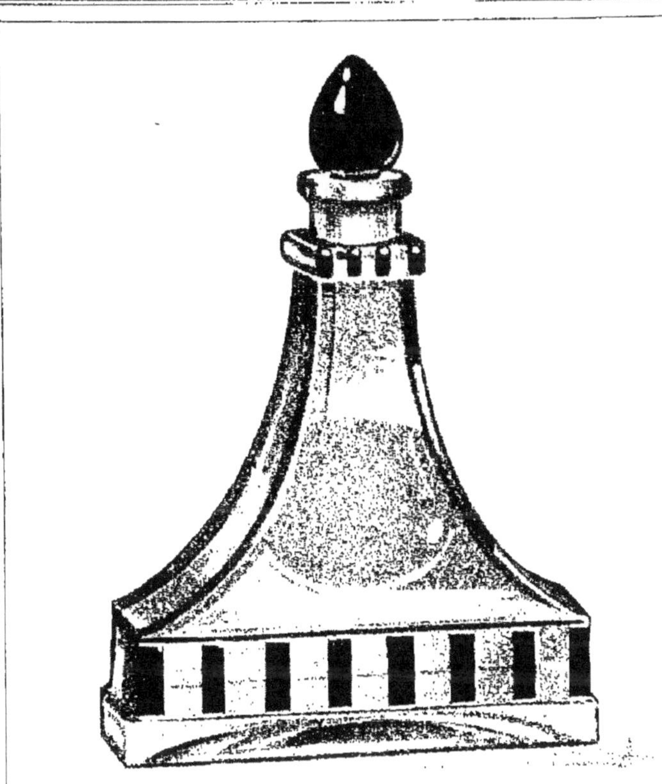

N° 4340

FLACON plat, avec petit pied. Petites bandes verticales et bouchon décorés or, noir ou couleur.

Contenance : 24 grammes.

N° 4357

FLACON forme montre, avec ornementation et emplacement d'étiquette.

Contenance: 15 grammes.

N° 5419

Pot à crème, à facettes, avec capsule métal.

Contenance : 18 grammes.

www.ingramcontent.com/pod-product-compliance
Lightning Source LLC
LaVergne TN
LVHW020449230826
846091LV00004B/1618
9782329204994